Monsieur Alfred Delatre, membre
et President

Veuillez agréer mes bien affectionné

Ch. M. Beaurepas

NOTES

SUR LE

Voyage de Don Pedro Niño en Normandie,

AUX ANNÉES 1405 ET 1406;

PAR M. CHARLES DE ROBILLARD DE BEAUREPAIRE.

———————

Le *Victorial*, chronique de Don Pedro Niño, comte
de Buelna, par Gutierre Diaz de Gamez, son alferez,
a été publié pour la première fois à Madrid, en
1782, par Eugenio de Llaguno Amirola, de l'Académie royale d'histoire (1).

Cette édition n'a point empêché le *Victorial* de
rester à peu près inconnu en France, et c'est assez
récemment qu'on a commencé à sentir l'intérêt qu'il
présente pour notre histoire nationale. Le savant
historiographe de la marine française, M. Jal, l'a
mis à profit pour son *Glossaire nautique*. M. Viollet-
Leduc, dans son *Dictionnaire du mobilier*, etc., a

(1) Cronica de Don Pedro Niño conde de Buelna por Gutierre
Diez de Games su alferez. En Madrid, en la imprenta de Don
Antonio de Sancha. Anno de M. DCCCLXXX; in-4° de 236 pages.

1

emprunté au même document une piquante description de la vie de château, aux premières années du xvᵉ siècle, d'après une traduction due à la plume habile de Mérimée. M. Aurélien de Courson, l'un des écrivains de notre temps, qui ont le mieux connu et le plus aimé la Bretagne, y a puisé d'intéressants renseignements sur les campagnes de messire Charles de Savoisy. Enfin, il y a peu d'années seulement, MM. de Circourt et de Puymaigre ont publié une traduction de la chronique castillane avec de savantes notes qui ne font assurément qu'ajouter à sa haute valeur (1).

Plus que toute autre province de France, nous verrons bientôt pourquoi, la Normandie avait marqué sa trace dans les souvenirs du comte de Buelna, et par une conséquence naturelle, dans ceux de son fidèle écuyer. C'est ce côté essentiellement normand que je veux mettre en relief. Je ne ferai guères, je l'avoue, que reproduire le témoignage du chroniqueur castillan, en l'appuyant toutefois de quelques textes inédits, que le hasard m'a fait découvrir. Je dois aussi déclarer que connaissant peu la langue espagnole, j'ai cru prudent de m'en tenir, le plus souvent, à la traduction de MM. de Circourt et de Puymaigre, dont la compétence, du reste, ne saurait être contestée.

Avant d'en venir à ce qui nous concerne, en qualité de Normands, disons ce qu'étaient Pedro Niño et Gutierre de Gamez, et analysons rapidement la chronique qui porte leurs noms.

(1) Paris, Victor Palmé, libraire éditeur, 1867, in-8° de 590 pages.

L'ouvrage débute par ce titre singulier :

« Este libro ha nombre el *Victorial*, é fabla en él de los quatro Principes que fueron mayores en el mundo, quien fueron, é de algunos otros, brevemente, por enxemplo á los buenos Caballeros é Fidalgos que han de usar oficio de armas, é arte de Caballeria, trayendo à concordanza de fabla de un noble Caballero, alqual fin este Libro fice. »

Les grands princes dont il est question, ne sont ni plus ni moins que Salomon, Alexandre, Nabuchodonosor et Jules César. Mais il n'est parlé d'eux que dans le *prohème* ou la préface. Ce ne sont pas les héros du livre. Le héros véritable est don Pedro Niño, personnage digne de louange, plus que tous les rois et que tous les chevaliers, lequel consacra toute sa vie au métier les armes et à l'art de chevalerie, et dès son enfance ne s'occupa d'autre chose. Et bien que, à vrai dire, il fut par sa condition au-dessous des autres, il s'éleva au-dessus d'eux par ses vertus, et eut cet avantage de ne jamais se laisser vaincre. Il fallut bien reconnaître qu'il y avait en lui une grâce particulière de Dieu, puisque dans aucune des batailles qu'il livra, dans aucune des grandes entreprises auxquelles il se risqua, il ne tourna le dos et ne fut vaincu ni lui, ni les siens. De là le nom de Victorial donné à l'ouvrage, où sont célébrées ses prouesses et ses vaillantises.

Quant à l'auteur, il se fait suffisamment connaître par cette déclaration, qui explique et rend excusable ce qu'il y a d'outré dans les éloges qu'il prodigue.

« Moi Gutierre Diaz de Gamez, domestique du comte don Pedro Niño, comte de Buelna, j'ai vécu dans ses bonnes grâces, dès son âge de vingt-trois ans, quand j'en avais environ autant, plus ou moins. J'étais de ceux qui marchaient habituellement avec lui, et j'eus ma part dans ses travaux. Je courus mêmes dangers et mêmes aventures. C'était moi qui portais sa bannière... Je l'accompagnai dans les mers du levant et du ponant, et j'ai été le témoin de tous les faits qui sont rapportés dans ce livre.

Le *Victorial* ayant pour objet la glorification de Pedro Niño, comme type du chevalier accompli, il était naturel que Gutierre de Gamez fît l'apologie de la chevalerie. A ce point de vue, ses dissertations et ses tableaux méritent d'être lus et étudiés. On les trouvera en parfait accord avec ce qu'ont écrit tous ceux qui, en France, en Angleterre, en Allemagne et en Italie, ont traité la même matière. Ce sont partout les mêmes traits, et presque les mêmes expressions, ce qui n'offre rien d'extraordinaire, puisque la chevalerie, en ces divers pays, s'est formée et s'est développée dans des circonstances analogues, et qu'elle a été soumise à la même influence, celle de la religion.

> Vous qui voulez l'ordre de chevalier,
> Il vous convient mener nouvelle vie,
> Dévotement en oraison veiller,
> Péchié fuir, orgueil et villenie.
>
> L'Eglise devez deffendre,
> La vefve, aussi l'orphenin, entreprendre,
> Estre hardis et le peuple garder ;
> Prodoms, loyaulx, sans rien de l'autruy prendre.
> Ainsi se doit chevalier gouverner.

Humble cuer ait ; toudis doit travaillèr,
Et poursuir fais de chevalerie,
Guerre loyale, estre grand voyagier,
Tournoiz suir et jouster pour s'amie.

Il doit à tout honneur tendre,
Si ç'om ne puist de lui blasme reprendre
Ne lascheté en ses œuvres trouver ;
Et entre tous se doit tenir le mendre.
Ainsi se doit chevalier gouverner.

Tels sont les termes du poëte Eustache Deschamps, dans une de ses poésies publiées au siècle dernier, par Sainte-Palaye (1).

« Les chevaliers, dit, de son côté, Gutierre de Gamez, n'ont point été choisis pour chevaucher un âne ou une mule ; ils n'ont point été pris parmi les faibles, les timides, les lâches, mais parmi les hommes robustes et énergiques, hardis et sans peur... Quelles qualités sont requises dans le bon chevalier? Qu'il soit noble. Qu'est-ce à dire noble et noblesse? Que le cœur soit gouverné par vertus. Le chevalier vertueux doit être avisé et prudent, juste pour rendre la justice, continent et modéré, endurant et courageux ; et avec cela il faut qu'il ait une grande foi en Dieu, espérance de parvenir à la gloire éternelle,... enfin, qu'il ait la charité et l'amour du prochain... Par les

___

(1) Texte cité par M. Guizot, *Hist. de la civilisation en France*, viᵉ leçon.— La religion et l'honneur faisaient le fond de la chevalerie.

Fais que dois, aviegne que puet;
C'hest comandé au chevalier.

L'*Ordene de Chevalerie*, 1759, p. 137.

bons chevaliers, le roi et le royaume sont honorés, redoutés et défendus. Sans bons chevaliers, le roi est comme un corps sans pieds et sans mains... Grand est l'honneur que méritent les chevaliers et grande la faveur que doivent leur faire les rois..! A eux sont réservés, dans le Ciel, les sièges que les mauvais anges ont perdu par leur orgueil. »

Malheureusement pour les chevaliers, les faits sont là pour attester que peu d'entre eux atteignaient à cette haute perfection, surtout dans le temps de décadence où vivait Niño (1). Mais c'était déjà beaucoup, on doit en convenir, d'avoir conçu un idéal aussi élevé et d'avoir réussi à le faire accepter par tous les esprits.

Après avoir fait connaître, en termes parfois éloquents, les mérites des chevaliers, Diaz de Gamez cherche si, parmi eux, il ne s'en trouverait pas de si heureux qu'ils n'eussent jamais été vaincus. Il en signale trois qui portent au front cette auréole d'un bonheur constant : Alexandre, Hercule, Attila, roi des Huns, et encore pour ce dernier doit-on éprouver quelque doute. Mais pour Don Pedro Niño, il n'y a point à balancer : celui-là a été, sans contredit, le plus parfait des chevaliers.

Gamez rappelle alors la noble extraction de son maître et ses premiers combats. Si on veut l'en croire, Niño, qui portait dans ses armes des fleurs de lys, descendait de la famille royale de France, par la branche d'Anjou, et son nom patronymique venait

____

(1) Voir la contre-partie du tableau dans le *Songe du Vergier*.

d'un terme de familiarité affectueuse qu'un roi dé Castille aurait donné à deux enfants de cette maison qu'il faisait élever à sa cour.

Sans contester cette origine illustre, nous nous bornerons à dire que la fortune et le crédit de notre chevalier paraissent tenir principalement à cette circonstance que sa mère Inès Laso avait été choisie pour être nourrice du roi Henri III, dit l'Infirme, « comme bonne, de bon lignage, jeune et accorte. » Grâce à ce choix, Niño fut élevé sous les yeux du Roi. Il fit ses premières armes à Gijon, en 1394, prit part à la campagne du Portugal sous les ordres du connétable Ruy Lopez Davalos, se signala au combat de Pontavedra en 1397, au siège d'Alcantara en la même année, au combat de Pennacomor en 1398.

Il se montra, dès lors, très expert en tournois et en tout ce qui tient à la chevalerie et acquit la réputation du plus habile joûteur de Castille. Mieux que tout autre, il s'entendait en modes nouvelles. Il se connaissait à merveille en armures, en dagues et en épées. Personne n'avait de meilleures selles, plus de caparaçons pour les tournois, autant et de plus beaux chevaux et surtout ne savait mieux les dresser soit pour la guerre, soit pour la parade, soit pour le tournoi. Il excellait dans tous les exercices de force et d'adresse; il bandait sans peine les plus fortes arbalètes et manquait rarement son but.

En 1404, il fut envoyé contre les corsaires du levant; il parcourut, à leur recherche, les côtes du midi de la France, de l'Italie et de la Barbarie, et s'avança jusqu'à l'intérieur de Tunis et de Carthagène. Il n'avait alors que vingt-cinq ans.

Ce fut vers cette époque que, sur la demande de Charles VI, en guerre avec l'Angleterre, il fut envoyé en France avec trois galées.

Depuis que Du Guesclin avait mis fin à la domination de Pierre le Cruel et fait monter sur le trône de Castille Henri de Transtamare, l'alliance avec ce royaume était restée dans les traditions de la politique de la France. Charles V et son successeur avaient accordé les privilèges les plus étendus aux marchands castillans dont les nefs, pendant longtemps, remplirent les ports d'Harfleur et de Rouen.

Niño partit de Santander avec ses trois galées armées de bons marins et des meilleurs arbalétriers qu'il put se procurer, accompagné de Fernando Niño, son cousin, de Gonzalo Gutierre de la Calleja, et de son alferez Gamez. A la Rochelle, il fit rencontre de Charles de Savoisy, et s'entendit avec lui pour une expédition sur les côtes d'Angleterre. Ils s'emparèrent ensemble d'une ville de Cornouailles, mirent à contribution l'île de Portland, incendièrent la ville de Pool. Mais où l'ignorance de notre chevalier devint évidente et véritablement singulière, ce fut lorsque n'étant en vue que de l'île de Wight, il s'imagina être dans les environs de Londres et crut apercevoir, dans le lointain, les murs de cette cité redoutée. De là, il fit voile vers Harfleur, où il ne parvint toutefois qu'après avoir touché terre à Jersey et en longeant avec précaution les rivages de la Normandie.

Qand les galées arrivèrent à Harfleur, (ici je copie le récit de Gamez) elles furent bien reçues, et ce fut un grand plaisir pour le capitaine et pour ses gens. Harfleur est une belle ville et a un bon port de haute mer. Les navires entrent dans la ville (1) par une embouchure de rivière qui la traverse. La mer borde la moitié de la ville (2), et sur l'autre moitié (3) il y a une haute muraille et de très fortes tours avec un fossé très bien façonné à pierre et à chaux et rempli d'eau. On entre par des ponts-levis et des doubles-portes. Chacun des ponts est entre deux tours très-fortes, » dont il serait aisé de retrouver les noms. « Cette ville est toujours bien munie, et riche et marchande. On y fabrique beaucoup de draps fins. A une lieue de là est Montivilliers, une bonne ville où il y a un monastère de nonnains. Là se jette dans la mer un grand et fameux fleuve qu'on appelle la Seine. Il n'y en a pas de plus grand en France, au-dessus du Raz. De là jusqu'à Paris, on compte 50 lieues en suivant le fleuve. Les charrois (charruas) et les barques vont et viennent de cette ville à Paris (4). »

(1) C'est-à-dire dans le *Clos aux galées* dont on peut encore, aujourd'hui, juger l'étendue par les murs qui en sont restés.

(2) Nous pensons qu'il doit s'agir ici de la *Fosse de l'Eure* à l'embouchure de la Lézarde, sorte d'avant-port d'Harfleur.

(3) Cette autre moitié nous paraît devoir désigner Harfleur.

(4) Araflor es una fermosa villa, e tiene buen puerto de alta mar. Entran los navios dentro en la villa por una ria que pasa por medio della, è cerca la mar la meitad della; é de la otra parte tiene buen muro, è muy fuertes torres, é tiene la caba lubrada muy fermosa de cal è canto, è llena de agua: entran por puentes levadizas, é las puertas dobladas : estan cada una de las puertas entre dos torres muy fuertes. Esta villa es siempre muy bastecida, es muy rica de mercadores, facen en ella muchos finos paños. Es à una legua Mosterville, una buena villa que esta un monasterio honrado de monjas.

La description de l'alferez Gamez est, sans doute, un peu confuse. Cela n'a rien de surprenant puisqu'elle a dû être rédigée de mémoire et assez longtemps après l'excursion de Niño en Normandie. Je suis même plus frappé de ce qu'elle contient d'exact et de précis que de ce qu'elle présente de défectueux, et je trouverais, dans certaines particularités qui y sont relatées, de fortes présomptions pour conclure à l'authenticité de ce récit, si elle était mise en doute. Ainsi, en 1782, savait-on en Espagne et même généralement en France qu'il y avait eu une draperie à Harfleur et à Montivilliers et que les étoffes qui en provenaient étaient renommées pour leur finesse, ce que prouvent pourtant de nombreux documents des xive et xve siècles? Gardait-on le souvenir de ce port dit la Fosse de l'Eure où il abordait plus de vaisseaux qu'à Harfleur même et qui, depuis longtemps, a perdu toute importance par suite de la création du Hâvre de Grâce sous François Ier.

Du reste, le passage de Niño à Harfleur se trouve clairement établi par deux quittances de sa main, conservées au cabinet des titres à la Bibliothèque nationale et communiquées par M. Lacabane à MM. de Circourt et de Puymaigre. Par une de ces quittances, Pedro Niño, s'intitulant « Capitaine des galées d'Espagne naguères venues et arrivées ou pais de France, » reconnaît avoir reçu du vicomte de Montivilliers 35 tonneaux de biscuit; par l'autre il reconnaît avoir reçu du même fonctionnaire « 65 tonneaux de biscuit faisant le plein de ses galées. » Ces quittances sont des 3 et 7 octobre 1405.

A Harfleur, Pedro Niño se retrouva avec Luiz de

Ayendaño, capitaine des nefs de Castille. A la Rochelle, où ils s'étaient rencontrés, il s'était déjà élevé entre eux des altercations assez vives. Elles recommencèrent, et bientôt les choses en vinrent à ce point qu'on eut lieu de craindre un dénouement tragique. Les Français s'interposèrent; il n'y eut pas de combat entre les deux capitaines castillans ; mais ils se séparèrent fort animés l'un contre l'autre. La cause de cette mésintelligence nous est inconnue. On peut cependant la deviner. Avendaño paraît avoir été le chef d'une flotte régulière ; Niño n'était guère autre chose qu'un corsaire que pouvaient également redouter et suspecter et le gouvernement qui l'envoyait, et celui dont il prétendait défendre les intérêts.

Après quelques jours de repos passés à Harfleur, Niño et Savoisy se disposèrent à retourner en Angleterre, et, dans cette intention, ils équipèrent leurs galées, firent leurs provisions et s'adjoignirent trois baleiniers de France armés en guerre. Ils sortirent du port et passèrent la nuit sous le Chef de Caux (c'est ainsi qu'on appelait autrefois la paroisse de Sainte-Adresse). Au quart de l'aube, ils prirent leur route vers l'Angleterre. Ils avaient compté sans la tempête. Le vent et la bourrasque les contraignirent de rentrer. Ils se contentèrent de garder la côte que ne cessait de menacer une flotte anglaise. Bientôt les marins espagnols se plaignirent d'avoir trop à souffrir du froid et des grandes pluies ; le projet d'une descente en Angleterre fut abandonné et il fut décidé qu'on remonterait la Seine avec les galées et qu'on irait hiverner à Rouen, une très noble ville, bien fournie de toute chose dont on avait besoin. Ainsi on se mit à

remonter la Seine qui était bordée de grands villages
et d'un grand nombre de beaux manoirs de hauts
seigneurs, entre lesquels, sans doute, Niño ne fut pas
sans remarquer Orcher, Tancarville, Etelan, Ville-
quier, Vatteville, où il y avait un fort, la Mailleraye,
le Trait et Mauny, sans compter Jumièges dont
la chronique fait une mention particulière. Bien que
la situation politique fût loin d'être rassurante à cause
de la folie du Roi et des dissensions qui régnaient
entre les princes, on se livrait partout au luxe le plus
insensé. On avait oublié Poitiers, Crécy, les ravages
de la Jacquerie, et sans se préoccuper de remédier
par la discipline et par la concorde aux malheurs de
l'Etat, on marchait, en s'abandonnant aux plaisirs,
vers de nouveaux désastres, Azincourt et l'invasion
anglaise.

Les seigneurs du pays venaient voir le capitaine et
s'empressaient à lui faire fête de leur mieux (1).

Les galées arrivèrent ainsi à la ville de Rouen,
après avoir cotoyé de grands bois, de gracieux vergers
et de beaux jardins.

« Le roi avait à Rouen, de l'autre côté de la rivière,
un arsenal qui contenait des galées et des taforées
qui sont de très grandes galées capables de porter sur

(1) ... Roan, una muy noble cibdab que esta en la ribera de
aquel rio, é es muy abastada de todas las cosas que avian
menester: é subieron el rio arriba. Es aquella ribera muy
fermosa: hay en ella muy buenos lugares, é muchas fermosas
casas de graudes señores. Esta en aquella ribera una abadia de
Monges de Sant Benito muy rica é honrada, é muchos fermosos
bosques, é muy graciosas huertas é jardines. Venian alli á vér al
Capitan los Señores de aquella tierra, é facianle honradas fiestas.
Cronica del Conde Don Pero Niño, p. 114.

mer des chevaux et de nombreux matelots (1) ». Le chroniqueur désigne ainsi et fort exactement un établissement dont j'ai eu l'occasion de signaler l'importance, le *Clos des Galées* de Rouen, l'un des principaux arsenaux de la France, dont le souvenir s'était si bien perdu que le savant auteur de l'Histoire de Rouen pendant l'époque communale s'était mépris sur son emplacement en le fixant à l'endroit où plus tard s'éleva le Vieux-Palais.

Le capitaine fut logé à Rouen dans un hôtel fort beau (lequel, je ne saurais le dire), et ses gens dans d'autres auberges aux environs de sa demeure.

Ici l'alferez place une appréciation assez curieuse du caractère et des mœurs des Français.

« Les Français, dit-il, sont une noble nation. Ils sont sages, entendus et raffinés en tout ce qui concerne la bonne éducation, la courtoisie et noblesse. Ils sont très élégants dans leurs habits et magnifiques en leurs équipages, ils ont leurs modes qu'ils suivent soigneusement. Ils sont larges et grands donneurs de présents ; ils aiment à faire plaisir à tout le monde ; ils honorent beaucoup les étrangers ; ils savent louer et louent volontiers les belles actions ; ils ne sont pas méchants ; ils sont hospitaliers même pour les ennuyeux ; à moins que leur honneur ne soit fort intéressé, ils ne s'emportent ni en parole ni en fait ;

___

(1) Asi llegaron las galeras à la cibdad de Roan. Tenia alli e Rey de Francia una tarazana de la otra parte del rio, en que avia galeras, é tafurcas que son unas grandes galeras, é llevan sobre mar caballos é mucha gente. Alli fué alojado el Capitan en una grand posada é fermosa, é sus gentez en otras posadas al derredor de aquella.

ils sont très courtois et aimables dans leur conversation ; ils sont très gais et s'amusent de tout cœur ; hommes et femmes sont d'un naturel amoureux et ils s'en font un mérite ». Le chroniqueur attribue cette disposition à ce que leur pays est dans le climat d'une étoile qu'on appelle Vénus. Il croit cependant qu'il est possible, avec la grâce de Dieu, de se soustraire à cette puissante et dangereuse influence, parce que Dieu qui a fait la nature reste le maître de son ouvrage et qu'il accueille les prières des justes qui s'adressent à lui.

Bien que le chroniqueur vante l'hospitalité des Français, on ne voit pas que les Rouennais, du moins au début, aient accueilli les Castillans et leur capitaine avec l'honneur auquel ils croyaient avoir droit. Nous trouvons, au contraire, une preuve non équivoque de l'inquiétude et même de la mauvaise humeur de nos compatriotes dans deux délibérations de l'Hôtel-de-Ville de Rouen, conservées dans nos archives communales. Je crois intéressant de les reproduire dans leur teneur parce qu'elles donnent la date de l'arrivée à Rouen de Pedro Niño et qu'elles fournissent une nouvelle présomption en faveur de l'authenticité de la chronique de Gamez.

« Le xxviie jour de septembre mil cccc. et cinq, devant nous Guillaume sire de Bellengues etc., cappitaine de Rouen etc... présens Michel De Gaugi, Ric. De Sommeri, Michel Du Tot, Rog. Mustel, Robert Alorge, conseillers ; Simon Du Valrichier, Thomas Bataille, Henri Gueloquet, Jehan Le Vasseur, Pierre Daguenet, Robin Deschamps, Henry Dubosc, Robert Sachin, Emond De Vattetot, Guillaume Gaudin, Jourdain Piedehuche, Simon de Balli, Thomas Dubreul, Robert La Vasche, Regnaut Cousin, Jehan Bosquet, Simon Delamotte, Jehan Jourdain, Jehan Le Clerc, Jehan de Boesmare, Jehan Cavé, Pierre Pitemen, Robert Haquet, Jehan Marguerie, Colin Toustin, ilec venus, par notre ordonnance et commandement de nous cappitaine, pour leur exposer et dire comme III ou IIII gallées d'Espagnolz devoent arriver bref devant la dicte ville où il y avoit moult de merveilleuses gens, si comme l'en disoit, et pour ce les avyons ilec fait venir pour nous consellier et avoir leurs adviz qui bon estoit sur ce à faire pour le bien du Roy notre sire et la seurté du peuple de la ville, après plusieurs parolles dictes et oyes leurs oppinions, fu deliberé que bon estoit que l'en impetrast un mandement du Roy notre sire adrechant à nous cappitaine, faisant mencion en effect comme, se les gens d'icelles gallées vouloient séjourner devant y celle ville, que l'en leur feist commandement que ilz meissent devers nous leurs armeures, arbalestres et deffence etc...; — item que l'en faist deffence fortiffier et clorre et emparer les murs sur la rivière et que l'en n'y lessast que certaines allées pour le fait de la marchandise, et aveuc ce que ycelles allées fussent fermées, quant mestier seroit; — item que l'en faist guet de jour et de nuit; — item que en plusieurs maisons sur la riviere eust garnisons de traict, et semblablement aux gardes, et aussi y fussent mis des arbalestriers de la ville; — item l'on meist en chemin gens ou varlés, à la noet venant, à Harefleu, pour savoir de leur contenance et quand ilz arrive ront à la dicte ville;

— item, par semblable, à Paris, pour savoir des nouvelles etc., (1) ».

Pedro Niño n'arriva à Rouen que 17 jours après, le
14 novembre 1405, comme on le voit par cette autre
délibération de l'Hôtel-de-Ville :

« Le xiiiᵉ jour de novembre cccc. et cinq, devant
nous Hue, sire de Donquerre, bailli de Rouen, ad ce
presens Jehan d'Orléans, esleu à Rouen, lieutenant
du cappitaine de la dicte ville, Thomas Dubreul, Robert La Vasche, Thomas Le Caron, Ric. De Som-
mery, Rog. Mustel, Simon Du Valricher, Henri Gueloquet, Rog. Danyel, Simon De la Motte, consselliers
de la dicte ville, Jehan Le Tavernier, procureur, Thomas Bataille, Guillaume Dubosc le jeune, Jehan Le
Clerc, Denizot Le Clerc, Guillaume Le Tavernier,
Guillaume Duhamel, Robert Daniel, Robert Des-
hayes, Jehannot Le Villain, Ric. Gillès, Adam Vine-
mer, Jehan Teterel, Jehan Cherisier, Guillaume
Saquespée ilec assemblés par l'ordonnance de justice
sur certaine requeste que faisoit Peron Igne, cappitaine de trois gallées d'Espaignolz venus et arrivez au
jour d'ui en ladicte ville, c'est assavoir que l'en lez
souffrist, certain temps à eulx ordonné, pour eulx
rescousser pour la saison de l'iver et prendre des vivres en la dicte ville, sur quoy fu deliberé que pre-
mierement et avant toute euvre leurs harnas, ar-
meurez, arbalestes et toute deffense estans en leurs
dictes iii. gallées seroit mise en la main des gens du
Roy à quoy ilz se submistrent ; — item que ilz ne pren-

____

(1) Registre des délibérations de l'hôtel-de-ville de Rouen, à la
date indiquée.

droient nulz vivres que ilz ne paiassent et, se ilz ne paioyent, le premier d'eulx trouvé seroit arresté pour la cause ; — item que leurs gallées seroient mises en certaine place à celle fin qu'ilz ne nuisissent à la marchandise ; — item que ilz ne mefferont ne ne prendront vivrez sanz paier en la ville ne ou pays d'environ sur paine de la hart. — Item leur fu deffendu que ilz ne portent point d'armeures aval la ville ; — item qu'ilz ne viendront en la ville que il ne soit soleil levé, et s'en partiront ainçoiz soleil couché. — Item ledit cappitaine submist sez gens à la justice du Roy, se ilz sont trouvez en coulpe ès choses dessus dictes ou en autres et que bonne justice en soit faicte. Et promist ledit cappitaine de baillier par escript tous les noms et sournoms des gens estans èsdictes gallées dedens lundi et aussi de livrer leurs diz armeures et deffences. »

Il faut croire, d'après le récit de Gamez, qu'on ne tarda pas à se rassurer complétement sur le compte de Pedro Niño, probablement par suite des dépêches qu'on reçut de Paris. Ce fut à Rouen, en effet, que commencèrent les aventures galantes du chevalier castillan. Elles sont rapportées longuement comme une partie essentielle de sa vie. Sans cet épisode, le type de la chevalerie, tel que le concevait le chroniqueur, n'eût pas été complet. « Il convenait que son maître, comme il le dit au chapitre XXVII (1), un damoiseau si accompli, fût bien venu en amour. De même qu'il excella en armes, entre tous les cheva-

(1) Chapitre XXVII, qui parle de l'amour, quelle chose c'est, et combien il y a de degrés en l'amour.

2

liers de son temps, et ne fut jamais vaincu, de même,
partout où il aima il fut payé de retour, sans jamais
encourir de reproche. »

La dame dont il gagna le cœur ne fut autre que la
fille du capitaine de Rouen, Mlle de Bellengues, belle,
encore jeune, mariée depuis plusieurs années à un
vieux chevalier, Renaud de Trie, amiral de France (1).
La noce avait eu lieu dans un hôtel qui prit plus tard
le nom d'hôtel du Bec et dont, je crois, la chapelle
subsiste encore, quoique étrangement défigurée. On
se rappellait que les deux mariés, suivis d'un nombreux cortége, s'étaient rendus à pied et précédés de
ménétriers, à l'église de Saint-Lô, leur paroisse, bra-
vant cet usage ridicule et indécent qu'avait adopté la
riche bourgeoisie de Rouen, de se marier, à petit
bruit et comme en se cachant, dans des chapelles et
des oratoires domestiques. « Ma fille, avait dit à cette
occasion M. de Bellengues, est trop jolie pour que je
ne sois pas heureux de la faire voir à tout le
monde » (2).

Il faut maintenant donner le récit de Gamez. Il est

(1) Renaud de Trie, fils de Lohier de Trie, seigneur de Sérifontaine, et de Jeanne de Blarru, sa première femme. Tab. de
Rouen, reg. 8, f° 382.

Tout amiral qu'il était, Renaud de Trie paraît s'être occupé
de poésie. MM. de Circourt et de Puymaigre lui attribuent une
pièce de vers qui se trouve dans le livre des *Cent ballades*. C'est
la première des douze réponses faites aux quatre « bons com-
pagnons esliz — qu'Amour a en ses las mis ». V. note p. 571 du
Victorial.

(2) J'ai rappelé cette particularité intéressante pour notre sujet
dans ma notice sur l'hôtel du Bec publiée dans les mémoires de
l'Académie de Rouen.

un peu long. Mais on chercherait peut-être vainement
ailleurs un tableau aussi circonstancié, et aussi complet des habitudes d'une grande maison seigneuriale
sous le règne de Charles VI.

« Le capitaine vivait familièrement avec les chevaliers et les gentilshommes de France comme un
homme qui a été nourri et élevé en toute noblesse. Il
apprit vite les belles manières de la nation..... Il s'é-
quipa très bien suivant la mode du pays... en intention d'aller à Paris. Il y avait près de Rouen un noble
chevalier que l'on appelait messire Renaud de Trie,
amiral de France (1). Ce chevalier était vieux. Il envoya prier le capitaine d'aller lui faire visite, et ce-
lui-ci partit de Rouen et s'en fut à un lieu qu'on
nomme Sérifontaine, où se tenait l'amiral. Et l'amiral
lui fit grand accueil, et le pria de rester avec lui et de
se reposer quelques jours, car il avait été très fatigué
par la mer ; et là le capitaine se reposa trois jours.
L'amiral était un chevalier vieux et malade. Il était
brisé par le harnais, car il avait toujours guerroyé et
avait été un dur chevalier en armes. Il ne pouvait plus
fréquenter ni la cour, ni les camps, et vivait retiré
dans ses terres. Là il était richement fourni de toutes
les choses nécessaires à sa personne et il habitait une
maison sise en une plaine, mais forte, arrangée et
montée comme s'il eût été dans la ville de Paris. Il y
tenait avec lui ses damoiseaux et des serviteurs pour
toute sorte d'offices, comme il appartenait à un tel

(1) C'est à tort que les savants traducteurs, MM. de Circourt et
de Puymaigre, donnent à Renaud de Trie le titre de capitaine
de Rouen. Ce titre appartenait à son beau-père, M. de Bellengues.

seigneur. Dans cette maison, il avait une chapelle
très grande, où tous les jours on lui disait la messe et
des menestrels et des trompettes qui sonnaient mer-
veilleusement de leurs instruments. Devant la maison passait une rivière, au bord de laquelle il y avoit
des vergers et de gracieux jardins. De l'autre côté se
trouvait un étang bien peuplé de poissons, entouré de
murs et fermé à clé, d'où l'on pouvait chaque jour
tirer du poisson à suffisance pour 300 personnes.
Quand on voulait prendre le poisson, l'on retenait
l'eau pour qu'elle ne vînt pas d'au-dessus, et on ouvrait un conduit par où s'écoulait toute celle du ré-
servoir, qui alors demeurait à sec. On prenait alors
le poisson qu'on voulait et on laissait le reste, puis on
ouvrait le conduit d'en haut, et en peu d'heures l'é-
tang était rempli. Et ce seigneur avait quarante ou
cinquante chiens pour chasser au bois et des hommes
qui les soignaient. Il avait là jusqu'à vingt montures
pour sa personne, parmi lesquelles il y avait des cour-
siers, des destriers, des bahagnons et des haquenées.
Que vous dirai-je de plus? Tous les genres d'appro-
visionnements, toutes les aisances s'y rencontraient.
Il avait près de chez lui des forêts dans lesquelles on
trouvait de tous les gibiers, grands et petits ; et avec
ses quarante ou cinquante chiens qu'il nourrissait, il
courait le cerf, le daim et le sanglier, que nous appe-
lons en Espagne *Xabali*. Il avait des faucons néblis
qu'en France on appelle gentils, pour chasser sur la
rivière et très bons héronniers. Ce chevalier avait une
femme, la plus belle dame qui fût alors en France.
Elle était de la plus grande maison et du meilleur lignage de la Normandie et était fille du seigneur de

Bellengues. Elle était très louée pour toutes les choses
qui appartiennent à une grande dame et comme elle
avait grand sens, elle gouvernait mieux sa maison et
la tenait en meilleur point qu'aucune grande dame
de sa province. Elle avait son noble logis, séparé
de celui de l'amiral ; de l'un à l'autre on allait par
un pont-levis et tous deux étaient dans une même
enceinte. Les meubles de cette habitation étaient
en si grand nombre et de si magnifique sorte que
ce serait long à raconter. Madame l'amirale avait
jusqu'à dix demoiselles de parage, bien richement
habillées et entretenues, qui n'avaient charge de nulle
chose, sinon de leur personne et de tenir compagnie
à leur dame ; car, outre cela, il y avait beaucoup
d'autres filles de chambre.

« Je vous raconterai l'ordre et la règle que la dame
suivait. Le matin, après son lever, la dame allait,
avec ses demoiselles à un bosquet, lequel était près
de là, chacune avec son livre d'heures et son rosaire.
Elles s'asseyaient à l'écart l'une de l'autre et disaient
leurs heures, et ne parlaient pas qu'elles n'eussent
achevé de prier.

« Ensuite cueillant fleurettes et violettes, elles s'en
revenaient au palais et allaient à la chapelle où elles
entendaient une messe basse. Sortant de la chapelle,
elles prenaient un plat d'argent sur lequel il y avait
des poules, des alouettes et autres oiseaux rôtis, et
mangeaient et laissaient ce qu'elles voulaient, puis
on leur donnait le vin. Madame ne mangeait que rarement le matin, ou ne prenait quelques petites choses que pour complaire à ceux qui l'entouraient.
Cela fait, Madame chevauchait avec ses demoiselles

sur des haquenées les mieux harnachées et les meilleures qui pussent être ; et avec elles chevauchaient
les chevaliers et gentilshommes qui pouvaient se
trouver là, et ils allaient se promener quelque temps
par la campagne faisant des chapels de verdure. Là
on pouvait entendre chanter, par des voix diverses
et bien accordées, lais, deslais, virelais, chants,
rondeaux, complaintes et ballades, toutes les sortes
de chansons que les Français savent composer par
grand art. Je vous déclare que si celui qui s'y voyait
eût pu le faire toujours durer, il n'aurait pas voulu
autre paradis.

« Là venait avec ses gentilshommes ce capitaine
Pero Niño pour qui on faisait toutes ces fêtes ; et de la
même façon, ils retournaient au château à l'heure du
dîner, mettaient pied à terre et se rendaient dans la
salle où ils trouvaient les tables dressées. Le bon
vieux chevalier ne pouvait plus chevaucher, mais il
les recevait avec tant de grâce que c'était merveille.
Pendant le repas il y avait des jongleurs qui jouaient
agréablement de divers instruments. Les grâces dites
et les tables enlevées, venaient les ménestrels, et Madame dansait avec Pero Niño, et chacun des siens
avec sa damoiselle. Cette danse durait une heure.
Quand elle était finie, Madame donnait la paix au capitaine, et chacun à celle avec qui il avait dansé. Ensuite on apportait les épices, on servait le vin et on
allait faire la sieste.

« Après la sieste, on montait à cheval ; les pages
arrivaient avec les faucons ... Si par chères délices
et abondance de toutes choses un homme pouvait
toujours vivre et échapper à la mort, l'amiral l'eût

fait, car il était pourvu si richement qu'homme de sa condition ne pouvait l'être plus ; mais quand on a compté le nombre des mois que suivant Job Dieu donne à chacun, il n'y a ni présages, ni délices, ni richesses, ni amis, ni parents qui tiennent. Et Pero Niño fut tant aimé, en tout honneur, par Madame, à cause de la prouesse qu'elle voyait en lui, qu'elle lui parlait déjà un peu de ses affaires, et le pria d'aller voir son père qu'on appelait Messire de Bellengues qui vivait en Normandie. Pero Niño partit de là et s'en fut à Paris. Dans tous les lieux où il passait les chevaliers le venaient recevoir et lui faisaient beaucoup d'honneur au bruit de sa renommée. »

A Paris, Niño fut reçu à la cour par les ducs de Bourgogne, de Berry et de Bourbon ; mais celui qui lui fit le meilleur accueil fut le duc d'Orléans ; il prit ouvertement parti pour lui dans le Conseil, lui fit obtenir le paiement des gages de ses marins, lui donna livrées et retenues selon l'usage de France et le pourvut de la charge de chambellan dans sa maison. A Paris, comme en Espagne, Niño se signala dans les joutes et obtint l'avantage, à la Couture Saint-Denis, sur les chevaliers les plus renommés.

Après avoir passé l'hiver à Paris, au milieu des tournois et des fêtes, il revint à Rouen où se trouvaient ses galées et ses gens. Sur ces entrefaites mourut l'amiral Renaud de Trie. La jeune veuve envoya chercher Niño ; elle lui fit connaître sa position, et à partir de ce moment « ils se tinrent pour amoureux l'un de l'autre. »

« S'il est vrai, dit Gamez pour qui tout est admirable dans la vie de son maître, que les hommes amoureux sont plus vaillants et font de plus grandes choses et sont meilleurs par amour de leurs amies, que devait être celui qui avait une amie telle que Jeanne de Bellengues, Madame de Sérifontaine ! Car il n'y a roi, ni duc, ni grand seigneur, en quête d'une dame à aimer, qui ne se fût tenu pour riche et bien heureux d'avoir semblable amie ».

Six chevaliers de la maison du duc d'Orléans le réclamèrent, comme un homme d'une vaillance à toute épreuve, et le prièrent de se joindre à eux dans un combat à outrance qu'ils devaient livrer contre sept autres chevaliers qui les avaient défiés. Ces six chevaliers étaient la fine fleur de la maison d'Orléans : Guillaume de Barbasan, Champagne, Clignet de Braban, amiral de France, Archambaut Carrogier, Guillaume Bataille. C'étaient eux qui, peu de temps auparavant, aidés de Guillaume Du Chastel, avaient tenu le champ clos contre sept chevaliers anglais des plus renommés et avaient remporté la victoire. Depuis, leur compagnon Du Chastel était allé mourir en Cornouaille, et c'était lui que Niño devait remplacer.

Niño ne balança pas, malgré quelques objections de son amie, à accepter une proposition aussi honorable. Il se fit faire une cotte d'armes très riche aux armes d'Orléans, et reçut de la châtelaine de Sérifontaine un heaume et un cheval de la meilleure espèce. Mais le roi, qui avait recouvré son bon sens, fit venir en sa présence tous les chevaliers engagés dans l'affaire et les réconcilia, en apparence du moins.

Il y eut une nouvelle entrevue entre Niño et Mᵐᵉ de Bellengues, et il fut sérieusement question de mariage. Mais de part et d'autre, il y avait un obstacle. Le deuil de la dame n'était pas fini, et elle craignait de manquer aux bienséances en convolant trop tôt à de secondes noces ; Niño partait pour la guerre, et il n'avait point obtenu l'agrément du roi de Castille. Le mariage fut donc différé, et l'on se sépara avec de grandes protestations de tendresse.

Niño reprit la route d'Harfleur où lui avait donné rendez-vous Charles de Savoisy. En sortant du port de Rouen, il y eut une éclipse de soleil et les matelots furent effrayés. Tous étaient d'avis qu'il ne fallait point partir avant la nouvelle lune, parce que, disait-on, le soleil était blessé et qu'il y avait lieu de craindre une grande mortalité dans le monde. Niño essaya de faire comprendre à ses gens ce que c'était qu'une éclipse ; il les rassura de son mieux et continua son voyage.

Nous ne le suivrons pas dans ses expéditions le long des côtes de Picardie, de Flandre , d'Angleterre. Croyons avec Gamez qu'elles furent toujours très glorieuses pour Niño ; il est certain que pour la France elles furent de peu d'utilité.

De retour en Espagne, Niño n'oublia point immédiatement Madame de Bellengues. Ayant eu, dans un combat contre les Maures, son épée ébréchée, tordue et teinte de sang, il l'envoya en France, à sa maîtresse, par un page qui, sans doute, fut favorablement accueilli.

Mais enfin l'absence et l'éloignement eurent raison de son amour. Ayant obtenu une des trois capitaineries de la garde du Roi, il renonça à l'idée de retourner en France, et il envoya à Madame l'amirale un second page chargé de lui rendre sa liberté.

Peu de temps après, il épousa la comtesse Béatrix de Portugal de la maison royale. Il était alors parvenu au comble des honneurs, de la faveur et de la fortune. Il voulut que Gamez fît le récit de sa vie, que le manuscrit en fût conservé dans l'église de Cigales ; il ordonna que son corps fût déposé dans le chœur de cette même église, sous un superbe cénotaphe, avec cette inscription :

DON PEDRO NIÑO, COMTE DE BUELNA,

QUI, PAR LA MISÉRICORDE DE DIEU

ET AVEC L'AIDE DE LA VIERGE SAINTE MARIE SA MÈRE,

FUT TOUJOURS VAINQUEUR ET JAMAIS VAINCU,

PAR TERRE ET PAR MER, SELON QUE SON HISTOIRE

LE CONTE PLUS AU LONG,

ET LA COMTESSE DOÑA BÉATRIX SA FEMME, FILLE

D'INFANTS, PETITE-FILLE DE ROIS

DANS LES DEUX LIGNES, ET PAR ELLE-MÊME,

ELLE PEUT ÊTRE COMPTÉE

ENTRE LES MEILLEURES.

Le culte qu'il avait eu pour Béatrix ne l'empêcha pas de se remarier (c'était son troisième mariage) avec Juana de Zuniga. Mais les années se succédèrent, et lui apportèrent plus de chagrins que de jouissances : sa fortune, après s'être considérablement accrue, fut entamée et même compromise, et de graves dissensions éclatèrent dans sa famille. Il mourut à un âge assez avancé, triste, morose, dégoûté de la gloire, après avoir, par un second testament, prescrit des restitutions, multiplié les dons aux églises, et ordonné d'ensevelir son corps non plus en le parant de son armure, mais en le couvrant, comme signe de pénitence, de la bure de franciscain.

Quand il mourut vers 1453, il y avait longtemps déjà que Madame de Bellengues était descendue dans la tombe. Après que le page de Niño fût venu la dégager de sa parole, elle n'avait pas tardé à épouser un seigneur d'une des plus grandes et des plus riches familles du royaume, Louis Mallet de Graville, sieur de Montagu, qui devint grand maître des arbalétriers de France (1).

Les Anglais ayant envahi la Normandie dans les funestes années de 1417 et 1418, Louis de Graville s'attacha à la personne de Charles VII ; il se signala par sa fidélité et par sa bravoure, et, comme presque toute la haute noblesse de la province, il préféra l'honneur à la fortune. Tous ses biens furent confisqués par les conquérants. Sa femme, il faut bien le dire, fut moins digne dans sa conduite ; elle vint habiter Rouen et prêta serment de fidélité au roi d'Angleterre. Ses ancêtres, les Brienchons, avaient fondé en la cathédrale la chapelle de la Trinité. Par un acte du 16 mai 1419, elle augmenta cette fondation et voulut être enterrée dans cette chapelle où elle demanda que l'on rapportât les ossements de son père et de sa mère qui avaient été enterrés à Beuzemouchel.

---

(1) La famille de Graville était alliée à celle de Trie par le mariage de Guillaume de Trie, sieur de Pléville, avec Isabelle Mallet, fille de Robert Mallet de Graville et veuve de Louis de Creuilly. Tab. de Rouen, R. f° 3v°. — Louis Mallet était fils de Guy Mallet, et beau-frère de Louis de Longny, maréchal de France. Tab. de Rouen, R. 15 f° 10.

Elle survécut, du reste, peu de temps à cette dona-
tion, comme on le voit par l'article suivant du compte
de la fabrique de la cathédrale, de la Saint-Michel
1419 à Noël de la même année. Cet article équivaut à
un acte de décès, ce qui est le dernier mot de toutes
les notices :

« Pro duobus lathomis qui laboraverunt, quilibet
per duos dies, pro restituando pavimentum quod
fuerat levatum pro sepultura domine de Montagu,
in capella Sancte Trinitatis pro quolibet die cuilibet
quatuor solidos..... (1) »

(1) Arch. de la Seine-Inf., Fonds du Chapitre. G. 2485, f° 6 v°.

APPENDICE.

———

I.

Lettres comme Madame Johanne de Bellengues de Beuzemon-
chel et de Montagu donna à la fabrique c. s. de rente.

Mardi 16 mai 1419.

A tous ceulx qui ces lectres verront ou orront, Jehan Lemaçon, garde du seel des obligations de la Viconté de Rouen, salut. Comme ja pieça feu noble et puissant seigneur mon seigneur Guilaume sire de Bellenguez et de Beuzemonchel, chevalier, en son vivant, capitaine de la ville de Rouen, grant temps avant son trespassement, meu de devotion et en augmentation du service divin qui tous les jours continuellement se fait et dit en la grant église Notre-Dame de Rouen, affin que lui et madame sa femme, en la fin de leurs jours, fussent enterrés en la dicte église, en la chappelle Notre-Dame du Gardin nommée la chapelle des Bryen-chons, de laquelle ligne la dicte dame yesy, et d'icelle chappelle ses dis prédécesseurs furent fondeurs en partie, et aussi qu'ils eussent perpetuelement et à tous jours, une fois l'an, un obbit so-lempnel dedens le ceur de la dicte eglise, pour le salut des ames de lui, sa femme, parens, amis et bienfaiteurs, du temps passé et advenir, et eust dès lors donné quicté, cedé, transporté et de-lessié affin de heritaige, pour lui ses hoiz et aians cause, à hono-rables et discreptes personnes lez doyen et chappitre dudit lieu de Notre-Dame et à leurs successeurs et aians cause, quinze livres tournois d'anuel et perpetuelle rente, c'est assavoir dix livres pour les diz de chappitre et cent solz pour l'œuvre de la dicte eglise, qui leur eust promis rendre et paier par sa main et de ses hoirs jusques ad ce que lui ou ses diz hoirs leur en eussent fait et baillié assiette bonne et suffisant, en aiant intenclon que assiecte leur fust faicte de certains bois appelé le Grippeel prez Marromme pour aucunes causes, qui ad ce le mouvoient, pour quoy et affin de faire la dicte assiete, noble et puissant dame Madame Jehanne de Bellenguez, fille et heritiere dez dis deffuns, dame des dis lieux et de Montagu, congnoissante ces choses et sa negligence de faire la dicte assiete pour aucunnes occuppations qu'elle a, voullant acquiter et descharger l'ame de ses diz pere et mere et d'elle, eust tourné devers lez diz doyen et chapitre en leur requerant qu'ilz voulsissent prendre la dicte assiete et aussy qu'elle eust pour elle, ses amis et bienfaicteurs pareil service et obbit, une fois l'an, dedans le ceur de la dicte eglise et enterrement aprez son deceps en la dicte chappelle, laquelle assiete de rente elle leur voust faire et bailler comme dessus et aussi leur augmenter bien et suffisamment pour avoir son dit service et enterrement, tellement que lez diz doyen et chapitre en soient contens, auxquelles choses mes dis seigneurs doyen et chapitre l'ont receue très humblement, Savoir faisons que aujourd'uy, par devant Robert Le Vigneron, clerc tabellion juré en la dicte viconté, fu presente en sa propre personne la dicte Madame Jehanne de Bellengues, demourante à present à Rouen, icelle à present femme de noble homme Monseigneur Jehan de Graville, chevalier, icelluy absent du pais de Normendie contre la volenté et obbeissance du Roy notre souverain seigneur, icelle dame, meue de devocion, de sa bonne et france volonté, en augmentation du service divin, en la reverence de la benoicte Trinité, de Notre-Dame et de toute la court de Paradis, et affin qu'elle et ses hoirs et tous ses autres biens et heritages soient deschargez et quictes d'icelles quinze livres de rente et que les ossemens de ses diz feux pere et mere qui sont enterrés audit lieu de Beuzemonchel puissent estre aportés et enterrés en la dicte chappelle des Bryenchons où elle a vraye congnoissance qu'ilz avoient leur singulliere devocion et l'en avoient chargé, et aussi le corps d'elle, quant elle ira de vie à trespassement, soit enterré en icelle chapelle où elle a esleu sa sepulture, et que ses diz pere et mere et elle aient dès presentement dedens le ceur d'icelle eglise, continuellement et à tous jours chascun an, le service d'iceux deux obbis par chascun an comme dessus est desclairé, pour les dictes causes et aultres qui ad ce l'ont meu et meuvent, de son propre mouvement, certaine science et par grant et meure deliberacion qu'elle disoit avoir eue sur ce avec ses parens et amis, en continuant la volenté de ses diz feux pere et mere, congnut et confessa, de sa bonne volenté, sans aucune force, erreur ou decepcion, avoir donné, quicté, baillé et assis, et encore par ces présentes donne, baille, quicte et assiet dès maintenant et à tous jours affin d'eritage perpetuel, pour elle, ses hoirs et aians cause, aux diz doyen et chappitre, leurs successeurs et aians cause, c'est assavoir toutes les dismes que ses predecesseurs et elle ont acoustumé prendre et avoir en la terre et seigneurie de Beusemonchel, nommée la disme de l'omome de Fescamp, avec tous les bois dessus diz appellez le Grippeel prez Marromme, iceulx bois frans, liquides et exens de toutes rentes, tiers, dangier, dismes, etc... (1).

II.

Acte constatant que les biens de Madame de Bellengues furent confisqués par Henri V et donnés à Morelet de Béthencourt.

A tous ceuz qui ces lettres verront, Simon Morhier, chevalier, seigneur de Villers, conseiller du Roy notre sire et garde de la prévosté de Paris, salut. Savoir faisons que nous, l'an de grace mil cccc. trente, le lundi xie jour de septembre, veismes une lettre de feu de bonne mémoire Henry, roy d'Angleterre, héritier et régent de France et seigneur de Hybernie, seellées de son grand seel en las de soye et cire verte, desquelles la teneur s'ensuit :

Henricus, Dei gracia, Rex Anglie, heres et Regens regni Francie et dominus Hibernie, omnibus ad quos presentes littere pervene-

(1) Archives de la Seine-Inférieure. Cartulaire de la fabrique de la Cathédrale.

rint salutem. Sciatis quod, de gratia nostra speciali et pro bono
servicio quod dilectus nobis Morellet de Bethencourt, miles ligeus,
non juratus, nobis impendet in futurum, dedimus et concessimus
ei terram de Beusemouchel cum suis pertinentiis infra bailliagium
nostrum de Caux, quam nuper Johanna de Bellengues defuncta
tenuit, dum vivebat, habendam et tenendam prefato Morelet
et heredibus masculis de corpore suo exeuntibus, usque ad valorem quadringentorum francorum per annum, si valorem illum
non excedant, per homagium nobis et heredibus nostris facien-
dum, ac reddendo nobis et eisdem heredibus nostris apud cas-
trum nostrum de Rouen ferrum unius lancee ad festum Sancti
Johannis-Baptiste singulis annis, necnon faciendo alia onera et
servicia inde debita et consueta imperpetuum, reservatis semper
nobis et heredibus nostris alta et suprema justicia ac omni alio
jure quod ad nos poterit pertinere, proviso semper quod pre-
dictus Morellet et heredes sui predicti unum hominem ad arma
et duos balistarios ad equitandum nobiscum seu cum heredibus
nostris aut locumtenente nostro, durante presenti guerra, ad
custus suos proprios, invenire teneantur, finitaque guerra hujus-
modi, idem Morellet et dicti heredes sui ville nostre de Caudebec,
cum gentibus et familia suis, bene et competenter pro guerra ar-
raiatis et munitis, ad custus etiam suos, sint intendentes, quociens
opus fuerit, et super hoc ex parte nostra vel dictorum heredum
nostrorum rationabiliter fuerint premuniti, quodque terra pre-
dicta seu aliqua parcella ejusdem de dominico ducatus nostri
Normannie aut alicui alii persone, per nos, ante hec tempora, data
et concessa non existant. In cujus rei testimonium has litteras
nostras fieri fecimus patentes. Teste meipso in exercitu nostro
apud villam de Meaulx, vicesimo tercio, die marcii, anno regni
nostri decimo.

Sign. per ipsum regem : STOPYNDON.

Ausquelles lettres estoit atachée une atache des gens des
comptes du Roy notre sire en la duchié de Normendie, sign. de
quatre de leurs signes sur cire vermeille, desquelles lettres la
teneur s'ensuit :

Les gens des comptes du Roy notre sire en la duchié de Normendie aux bailli de Caux et vicontes d'icellui bailliage et à chacun d'eulx ou à leurs lieuxtenans salut. De la partie de messire
Morelet de Bethencourt, chevalier, nous ont été présentées les
lettres patentes du Roy notre sire, cy atachées soubz l'un de noz
signés que nous avons fait enregistrer en la chambre des d.
comptes, pour le contenu èsquelles acomplir nous vous mandons
et à chacun de vous, si comme à luy appartiendra, que le dit chevalier vous faictes, souffrez et laissiez joir paisiblement de la terre
de Beusemouchel avec ses appartenances ou bailliage de Caulx,
que nagueres tenoit Jehanne de Bellengues, ainsi et par la forme
et maniere qu'il est contenu et déclaré èsdictes lettres, reservé, au
nom d'icellui chevallier, l'ommage et denombrement à cause
d'icelle terre, au Roy notre sire à qui il appartient, avec les rentes,
services et devoirs deubz et acoustumez, pour lequel denombrement baillier au Roy notredit sr, nous lui avons donné terme,
respit et souffrance jusques à Saint-Michiel prouchain venant,
pendant lequel temps le faictes, seuffrez et laissiés joir paisiblement, comme dit est, sans sur ce lui donner aucun destourbier
ou empeschement pour cause dudit denombrement non baillié,
pourveu toutes voies qu'il n'y ait aucune cause raisonnable
d'empeschement pour quoy faire ne le doiez et laquelle, s'elle
y estoit, nous rescripvez à fin deuc. Donné à Caen, le viiie jour de
juing l'an 1422. Signe H. Le Ber. Et nous à ce present transcript
avons mis le seel de la prevosté de Paris, l'an et jour dessus premiers diz.

Original
Collection de M. Lormier.

Extrait du *Précis* des Travaux de l'Académie des Sciences, Belles-Lettres
et Arts de Rouen, année 1872-73.

Rouen Imp. de H. Boissel.

www.ingramcontent.com/pod-product-compliance
Ingram Content Group UK Ltd.
Pitfield, Milton Keynes, MK11 3LW, UK
UKHW022225070726
13613UKWH00004B/1882